AF731290

PAUL ABRAHAM
(1886–1943)

JÜDISCHE MINIATUREN
Herausgegeben von Hermann Simon

Band 102 PAUL ABRAHAM

Die Deutsche Nationalbibliothek verzeichnet diese Publikation in der Deutschen Nationalbibliografie; detaillierte Daten sind im Internet über https://portal.d-nb.de/ abrufbar.

© 2010 Hentrich & Hentrich Verlag Berlin
Inh. Dr. Nora Pester
Wilhelmstraße 118, 10963 Berlin
info@hentrichhentrich.de
http://www.hentrichhentrich.de

Satz: Barbara Nicol
Druck: Mercedes-Druck, Berlin

1. Auflage 2010
Alle Rechte vorbehalten.
Printed in Germany
ISBN 978-3-942271-04-2

JENS THIEL

PAUL ABRAHAM

RECHTSHISTORIKER AN DER PREUSSISCHEN AKADEMIE DER WISSENSCHAFTEN

Mit einem Vorwort von Dieter Simon

HENTRICH & HENTRICH

CENTRUM JUDAICUM

Umschlag vorn:
Vocabularium Iurisprudentiae Romanae,
III/II, Berlin 1931.

Inhalt

Vorwort *Dieter Simon*

Paul Nathan Hermann Abraham – welch ein Name! Lateinisch, hebräisch, germanisch; das Alte und das Neue Testament, Jüdisches, Christliches und Teutsches. Ein Name, wie ein Programm. Ein Programm für Emanzipation und Integration, für Autonomisierung und Assimilation. Ein wunderbares Programm für viele aus dem Osten zugewanderte Juden, die in und mit Deutschland in die Moderne ziehen wollten.
So ist der kleine Junge Paul Abraham in die Welt getreten und musste doch zum Märtyrer werden, zum Zeugen – auch für seinen Glauben, aber viel mehr noch und ganz allgemein für den Umgang der großen deutschen Christenwelt mit der Welt der kleinen deutschen Juden.
Paul war ein sehr guter Schüler, aber als der kleinstgewerbetreibende Ernährer starb, fehlten alle Sicherungen. Weder Staat noch Gesellschaft standen der alleinerziehenden Mutter bei, und so mussten sich Mutter und Sohn selbst beistehen – was deutliche Spuren in den gymnasialen Schulleistungen hinterließ.
Paul war auch ein sehr guter, vielseitiger und erfolgreicher Student. Seine Arbeiten wurden von der juristischen Fakultät ausgezeichnet. Nichts schien auf ein Leben als karg bezahlte wissenschaftliche Hilfskraft zu deuten. Aber es fehlte etwas. Damit er ein durchschnittlich erfolgreicher und durchschnittlich angesehener deutscher Professor

hätte werden können, einer wie der zu seiner Zeit angesehene Bernhard Kübler etwa, der ihn als Mitarbeiter ordentlich hielt und ordentlich ausbeutete – dazu fehlte ihm die entsprechende Förderung. Eine Förderung, ohne die damals nur die ganz Großen in jener Branche etwas werden konnten, Männer wie Otto Gradenwitz und Hugo Preuß – und die nur auf entbehrungsreichen und den heutigen Leser beschämenden Wegen.

Paul Abraham war kein ganz Großer und erhielt keine Förderung, weshalb sich seine Begabung nicht weiter entfaltete als bis zum wissenschaftlichen Mitarbeiter der Preußischen Akademie der Wissenschaften. Was schließlich nicht ganz schlecht ist, und wenn die Umstände besser gewesen wären, durchaus zu einem glücklichen Leben hätte führen können. Aber die Umstände waren nicht besser. Sie wurden vielmehr ständig schlechter. Abraham liebte den (Ersten Welt-)Krieg nicht, was seine Arbeitgeber nicht verstehen konnten – was sie verstehen glaubten, war vielmehr, dass Juden sich gerne drücken. Und Abraham wollte gern etwas mehr Geld verdienen – was seine Arbeitgeber jetzt sehr gut zu verstehen meinten, denn sie kannten doch schließlich ihre Juden.

Und so blieb Paul Abraham bescheiden und arm, woran auch der magere Dienstvertrag nichts änderte, den ihm, als er eben 40 Jahre alt wurde, die Akademie gewährte. Und da zur gleichen Zeit seine Mutter, mit der er zusammenlebte, starb, blieb Abraham obendrein einsam. Eine

Frau hatte er nicht. Vielleicht, weil er keine ernähren konnte; vielleicht weil er keine fand oder keine wollte. Wir können ihn nicht mehr fragen. Nicht einmal Freunde scheint er gehabt zu haben. Vielleicht ist Paul Abraham auch ein Zeuge für das Geschick all jener, die nicht so hoch standen, dass ihnen »die Umstände« gestatteten, ein selbstbestimmtes Leben zu führen.

Für das große Projekt der Akademie, ein Wörterbuch zu den Pandekten, der gewaltigen Sammlung des klassischen römischen Rechts durch Kaiser Justinian (»Vocabularium Iurisprudentiae Romanae«), leistete Paul Abraham Enormes. Er bearbeitete den für eine wissenschaftliche Hilfstätigkeit wie geschaffenen Buchstaben *i*, der so aufregende Wörter wie *idem*, *ille* und *in* enthält, welches letztere Wort, zum Beispiel, er der Rechtsgeschichte auf 200 großformatigen Spalten aufschlüsselte.

Abraham hat aber auch sonst noch etwas geschrieben. Weniges – aber die Wissenschaft Förderndes und Lesenswertes. Aber wie und was hätte einer schreiben können, dem nach 1933 von Woche zu Woche der kleine Platz, auf dem er stand, etwas mehr beschnitten und vergittert wurde, bis man das kümmerliche Plätzchen nach sechs Jahren endgültig kassierte ohne jemals wieder einen auch nur halb so fleißigen oder gar fähigen »arischen« Mitarbeiter gewinnen zu können.

Paul bekam einen weiteren Vornamen und hieß jetzt *Nathan Hermann Paul »Israel« Abraham.* Ansonsten aber

verlor er alles, so wie er immer verloren hatte. Aus dem »lieben Paul Abraham« wurde in den Briefen der Verantwortlichen der »sehr geehrte Herr Dr. Abraham«, der einen gelben Stern trug und Zwangsarbeit leistete. Ohne Verbindungen, Freunde, Vermögen wurde er hilflos zum ergebenen Märtyrer für das unverwindbare Schicksal von Tausenden, Zehn-, Hunderttausenden und Millionen, die sich vermutlich gern in die zweifellos nicht lustige, aber immerhin sichere Emigration gerettet hätten, hätten sich die Umstehenden und die Umstände ihrer erbarmt.
Aber so wurde er, wie er abschiednehmend schrieb, »unter den für mich bestehenden Verhältnissen« im kalten Februar 1943, als man das lebenswerte Vieh im warmen Stall betreute, in einen Viehwagon gepfercht und mit 1.094 anderen in einen unbekannten Tod gefahren.
Die Akademie widmete sich weiterhin zuversichtlich und entschlossen unter anderem auch der jetzt »arischen« Rechtsgeschichtswissenschaft. Sie notierte, daß Abraham »evakuiert« sei, schickte den Kollegen Fritz Schwarz zur Abholung des »wissenschaftlich wertvollen« Nachlasses, vergaß ihren »jüdischen Schutzangehörigen«, vergaß aber nicht die Auswertung und Einvernahme seiner Arbeit und übte sich später, als man das Wort »arisch« nur noch grimassierend zu zitieren pflegte, teils in Vergessen, teils in jenem achselzuckenden Bedauern, das die »Verstrickten« bis heute meisterhaft beherrschen.
Bis Jens Thiel den Finger auf die Schande legte.

I. Ein Brief an die Akademie

»Als früherer rechtshistorischer Mitarbeiter der Akademie der Wissenschaften erlaube ich mir ergebenst, folgende Bitte vorzutragen:
in 30-jähriger Mitarbeit am Wörterbuch der römischen Rechtssprache habe ich einen wissenschaftlichen Apparat an Druckbogen, Druckfahnen, Manuskripten, Hilfszetteln und Büchern zusammengebracht, der für die Fortsetzung des Werkes von Bedeutung sein dürfte. Daneben habe ich an anderen Unternehmungen der Akademie wie z. B. ›den Gesetzen der Angelsachsen‹ mitgearbeitet, woraus sich ähnliche Materialien ergeben haben. Ich habe auch zwei von der Berliner Rechtsfakultät preisgekrönte Arbeiten rechtsgeschichtlichen Inhalts verfasst, die im Manuskript vorliegen. Zu ihrer Fortführung habe ich Materialsammlungen zusammengebracht, die z. T. in Kartothekform vorhanden sind. Endlich habe ich auf Anregung des inzwischen verstorbenen Prof. Bernhard Kübler die ›Institutionen Justinians‹ zur Vorbereitung eines Wörterverzeichnisses verzettelt, wobei jedes Wort des Werkes ausgeschrieben und sein Fundort vermerkt ist.
Da bei den für mich bestehenden Verhältnissen mit dem Verlust dieser Materialien zu rechnen ist, wenn sie nicht anderweitig untergebracht werden, ich aber andererseits hoffe, dass sie in berufener Hand noch zur Fortführung der begonnenen Arbeiten beitragen können, erlaube ich

mir die Bitte auszusprechen, diesen wissenschaftlichen Apparat der Akademie zur hochgeneigten Verfügung übergeben zu dürfen.«[1]

Als Paul Abraham diesen Brief schrieb, machte er sich über sein weiteres Schicksal keinerlei Illusionen. Aus dem wissenschaftlichen Mitarbeiter der Preußischen Akademie der Wissenschaften war ein entrechteter jüdischer Zwangsarbeiter geworden. Seinem Namen hatte er den Zwangsnamen »Israel« hinzufügen müssen. Der Brief trägt das Datum vom 19. Dezember 1941. Einen Tag zuvor war Paul Abraham 55 Jahre alt geworden. Er hatte zeitlebens in bescheidenen Verhältnissen gelebt. Obwohl er jahrzehntelang an einem der renommierten wissenschaftlichen Langzeitvorhaben der Berliner Akademie gearbeitet hatte, war er auch im Wissenschaftsbetrieb ein Unbekannter geblieben. Er hat keine steile Wissenschaftskarriere gemacht, sich keine Reputation in Fachkreisen erworben und auch keine Aufsehen erregenden Bücher oder Aufsätze verfasst. Veröffentlicht hat er nur zwei kleine eigenständige Bücher, Bio-Bibliographien seiner akademischen Lehrer. Paul Abraham verließ nie das Feld der soliden und wenig spektakulären wissenschaftlichen Arbeit für ein bis heute genutztes rechtshistorisches Nachschlagewerk. Er blieb ein bescheidener, fleißiger »Kärrner« im Schatten angesehener Rechtshistoriker. Trotzdem lohnt es sich, den Lebensspuren Paul Abrahams nachzugehen. Sein Lebensweg ist nicht nur für die in den meisten Fällen anonym bleibenden Wissenschaftler in vergleichbaren Arbeitszusammenhängen exemplarisch, sondern auch für die Schicksale der vielen unbekannt gebliebenen, als Juden verfolgten und ermordeten Menschen. Vieles in Paul Abrahams Leben bleibt auch nach jahrelangen Recherchen im Dunkeln und lässt sich nur noch fragmentarisch rekonstruieren. Am meisten wissen wir über seine Tätigkeit als Mitarbeiter der Akademie. Hier haben sich viele Unterlagen und Dokumente im Akademiearchiv erhalten. Auch seine Schulzeit lässt sich dank der Überlieferung im Schularchiv des Askanischen Gymnasiums gut dokumentieren. Die gespenstisch korrekte bürokratische »Abwicklung« seines Lebens und seiner äußerst bescheidenen Hinterlassenschaft lässt sich an Hand der im Landesarchiv Berlin aufbewahrten Akten der »Vermögensverwertungsstelle« des Oberfinanzpräsidenten von Berlin nachvollziehen. Über Tätigkeiten außerhalb der Akademie, über sein Privatleben, seine religiösen Bindungen oder politischen Ansichten wissen wir wenig. Hier sind wir auf kleine Hinweise und begründete Mutmaßungen angewiesen. Der Historiker stößt dabei an die Grenzen der Überlieferungen, deren Lücken nicht zuletzt der Shoa geschuldet sind. Selbst die genauen Umstände seines Todes im Vernichtungslager Auschwitz 1943 sind unklar. Nicht einmal eine Fotografie hat sich erhalten. Auch die Häuser, in denen Paul Abraham wohnte, sind inzwischen verschwunden, zumeist im Zweiten Weltkrieg zerstört. Heute erinnern nur noch ein »Stolperstein« vor seinem letzten, im November 1943 zerbombten Wohnhaus in der Schönhauser Allee in Berlin und eine Hinweistafel im Askanischen Gymnasium, das heute in Berlin-Tempelhof beheimatet ist, an Paul Abraham.[2]

II. Kindheit und Jugend in Berlin

Paul Abrahams familiäre Wurzeln liegen väterlicherseits in der damaligen preußischen Provinz Posen; mütterlicherseits in Berlin. Sein Vater, Adolf Abraham, stammt aus Wongrowitz, dem heute polnischen Wągrowiec. Die kleine, damals kaum 5.000 Einwohner zählende Kreisstadt im einstigen Regierungsbezirk Bromberg (heute Bydgoszcz) fiel 1793 erstmals und 1815 erneut an Preußen. Die dortige jüdische Gemeinde entstand um 1775. Anfangs aus nur vier Familien bestehend, wuchs ihre Zahl im Laufe der nächsten Jahrzehnte zunächst stetig an. Als Adolf Abraham hier am 21. Oktober 1847 geboren wurde, lebten etwa 630 Juden in der Stadt. Es gab eine Synagoge, einen jüdischen Friedhof, verschiedene wohltätige Vereine und ein reges Gemeindeleben. Ob es sich bei dem in den Quellen seit Mitte des 19. Jahrhunderts mehrfach erwähnten Nathan Abraham, einem Repräsentanten der jüdischen Gemeinde, um einen nahen Verwandten, vielleicht sogar den Vater Adolf Abrahams handelt, liegt nahe, lässt sich aber nicht mit mehr mit Gewissheit feststellen.[3] Vermutlich gehörten Adolf Abrahams Eltern zur Schicht der kleinen Handel- und Gewerbetreibenden, die die Mehrheit der jüdischen Bevölkerung im Ort bildete. Wahrscheinlich hat Paul Abrahams Vater die neue zweiklassige jüdische Volksschule besucht, die 1845 die alte »Winkelschule« der Gemeinde abgelöst hatte. Der Besuch einer höheren Bildungseinrichtung blieb ihm offenbar verwehrt. Das Gymnasium in Wongrowitz eröffnete erst 1872.[4] Wie tausende anderer Juden aus der Provinz Posen verließ Adolf Abraham schon früh seine Heimat in Richtung Westen. Die Abwanderung aus der Provinz Posen, die in einigen Städten zu einer Verminderung der jüdischen Gemeinden bis zu fünfzig Prozent führte, wurde schon von den Zeitgenossen kontrovers diskutiert. Auf der Suche nach Gründen für diese Entwicklung wurden häufig antisemitische Stereotypen, wie ein angeblicher Mangel an »Bodenständigkeit«, bemüht.[5] Die Ursachen für die starke Abwanderungsbewegung waren vielfältig, lagen nicht zuletzt in der zwar verfassungsmäßig garantierten, aber in der Praxis kaum umgesetzten Gleichberechtigung. Entscheidend für die auch in den Augen jüdischer Organisationen »ungeheure Abwanderung« waren zweifelsohne die tief greifenden wirtschaftlichen und sozialen Veränderungen, die die Einkommenssituation der jüdischen Bevölkerung erheblich verschlechterten. Hinzu kamen Konflikte mit der deutschen und polnischen Bevölkerung. Die Infrastruktur, das kulturelle Leben und vor allem die Ausbildungsmöglichkeiten für die nachwachsenden Generationen waren – nicht nur für Juden – im Vergleich zu anderen Regionen unterentwickelt. Die Verhältnisse in Wongrowitz waren ein getreues Abbild dieser Situation. Bis zum Jahre 1900 sank die Zahl der Wongrowitzer Juden auf 383.[6]

Ihren Höhepunkt erreichte die Abwanderung aus Wongrowitz um das Jahr 1855. Ob Paul Abrahams Vater bereits um diese Zeit das Städtchen mit seinen Eltern in Richtung Berlin verließ, ist möglich. Wahrscheinlicher ist jedoch, dass er als junger Mann allein nach Berlin kam. Für viele war der »Verein der Wongrowitzer in Berlin« die erste Anlaufstelle in der für sie ungewohnten großstädtischen Umgebung.[7] Vielleicht hat Adolf Abraham hier um Unterstützung nachgesucht. In den Berliner Adressbüchern lässt sich Paul Abrahams Vater – mit der Berufsbezeichnung Kaufmann – erstmals 1879 mit Sicherheit nachweisen. Zu diesem Zeitpunkt war er bereits Inhaber des Handschuh- und Krawattengeschäftes Th. Bock in einem heute nicht mehr existierenden Gebäude in der Friedrichstraße 58/Ecke Leipziger Straße 103. Das Geschäft gehörte vermutlich seinem Schwiegervater. Adolf Abraham hatte in Berlin die am 24. Dezember 1851 in Berlin geborene Helene Bock geheiratet. Auch über den familiären Hintergrund der Mutter Paul Abrahams ist kaum etwas bekannt. Seit 1877 war das Handschuh- und Krawattengeschäft Bock in der Friedrichstraße registriert. Th. Bock hatte eine bereits zuvor dort existierende Handschuhhandlung übernommen. »Cravatten«- oder »Halsbinden-Fabricanten« und deren Geschäfte mit Namen Bock lassen sich in Berlin – mit wechselnden Namenskürzeln und Adressen – schon seit 1837 nachweisen. In welchem Zusammenhang sie zu dem von Adolf Abraham betriebenen Geschäft stehen, lässt sich nicht mit Gewissheit sagen. Das von Adolf Abraham geführte Geschäft firmierte einige Jahre als »Handschuh-, Krawatten- und Tragebänderfabrik« in der Friedrichstraße, ehe Geschäft und Familie 1886 umzogen, allerdings nur einige Häuser weiter. Die neue Adresse lautete nun Wilhelmstraße 40a/Ecke Leipziger Straße 8.[8] Vielleicht hatte dieser Umzug mit der Geburt ihres vermutlich einzigen Sohnes zu tun.

Paul Nathan Hermann Abraham, wie sein vollständiger Name hieß, kam am 18. Dezember 1886 in Berlin zur Welt. Zehn Jahre später bezog Familie Abraham eine Wohnung in der Potsdamer Straße 110, wo auch die »Handschuh- und Cravattenhandlung Th. Bock« ihre neuen Geschäftsräume bezog. Paul Abraham verbrachte seine Kindheit in einem Wohnumfeld, das vom Aufschwung der Reichshauptstadt besonders profitierte. Über die häusliche Atmosphäre, die materielle Lage der Familie oder die geistigen Anregungen, die er in dieser Zeit erhielt, ist so gut wie nichts bekannt. Am 24. Mai 1900 starb Adolf Abraham im

Alter von nur 52 Jahren im Krankenhaus Moabit. Für den knapp 14-jährigen Paul war der Tod des Vaters ein einschneidendes Ereignis. Neben dem menschlichen Verlust verschlechterte sich auch die wirtschaftliche Situation der Familie dramatisch. Geschäft und Wohnung in der eher wohlhabenden Gegend um den Potsdamer Platz waren nicht mehr zu halten. Noch im Todesjahr Adolf Abrahams zog Helene Abraham mit ihrem Sohn nach Charlottenburg, das damals noch nicht zu Berlin gehörte. Hier, in der Wilmersdorfer Straße 159/160, führte die Witwe zunächst das Krawattengeschäft weiter, ehe sie es zwei Jahre später ganz aufgeben musste. Das neue Charlottenburger Wohnumfeld der Abrahams war proletarisch geprägt. Das blieb auch so, als die Abrahams 1908 in die Brandenburgstraße 15, der heutigen Lobeckstraße, nach Kreuzberg umzogen. Hier wohnte Paul Abraham wieder in der Nähe seiner Schule, dem Askanischen Gymnasium.

Paul Abraham besuchte das 1875 gegründete städtische Gymnasium in der Halleschen Straße seit 1893, zunächst die drei Vorschulklassen; danach absolviert er das übliche gymnasiale Curriculum. Das Gros der Schüler entstammte dem wilhelminischen Wirtschafts- und Bildungsbürgertum sowie der Beamtenschaft, die sich in der Nähe der Schule angesiedelt hatten. Mit etwa zwanzig Prozent lag der Anteil der jüdischen Schüler relativ hoch[9], ohne dass diese sich erkennbar benachteiligt oder diskriminiert fühlten.[10]

Askanisches Gymnasium, Hallesche Straße
(heutige Ansicht des ehemaligen Schulgebäudes)

Das städtische Gymnasium galt im Vergleich zu den königlichen Gymnasien der Stadt als vergleichsweise liberal, allerdings auch als elitär.[11] Auf die Vermittlung einer umfassenden Allgemeinbildung und die Kenntnis der alten Sprachen wurde besonderer Wert gelegt. Viele Lehrer sahen sich nicht nur als Pädagogen, sondern auch als Wissenschaftler, die mit eigenständigen wissenschaftlichen Arbeiten hervortraten. Der wichtigste unter ihnen war sicherlich Adolf Trendelenburg, der neben archäologischen und kunsthistorischen Studien, immer wieder zu

Askanisches Gymnasium (Schüler in einer Klasse 1904)

antiken Autoren, besonders zu Homer, Aeneas und Vergil arbeitete. Sein Kollege Georg Andresen hatte eine Gesamtausgabe des Tacitus besorgt und sich intensiv mit Cicero befasst. Bis zu seiner Berufung als außerordentlicher Professor für römisches Recht an die Berliner Friedrich-Wilhelms-Universität im Jahre 1900 war auch Bernhard Kübler Oberlehrer am Askanischen Gymnasium. Dem damals schon gleichzeitig als Privatdozenten an der Berliner Universität tätigen Kübler sollte Paul Abraham später wieder begegnen. Direktor Adolf Busse trug durch »Tafeln mit Tempeln und Skulpturen aus dem klassischen Hellas in der Homerstunde« zur besonderen Anschaulichkeit des altphilologischen Unterrichts bei: »Das war nicht paukerisch noch fachspießig-grammatikerhaft noch aftertiefsinnig-gotelnd noch gar völkisch, es zeigte vielmehr eine Haltung zwischen Winckelmann und Nietzsche, vielleicht mit Schliemann-Einschlag«, erinnerte sich der später als streitbarer Schriftsteller, Pazifist und unorthodoxer Sozialist bekannt gewordene Kurt Hiller an seine Schulzeit. Eine wichtige Rolle spielte der »Kulturhistorische Verein«, gegründet von Otto Gruppe, der spätere literarische Begabungen wie Julius Bab oder Carl Wilhelm Friedrich Behl förderte.[12] Bei Gruppe zeigten sich aber auch die autoritären Schattenseiten des wilhelminischen Gymnasiums: »[K]eine Stunde verging, in der er nicht die falsch antwortenden Jungen nötigte, ans Fenster zu treten und das Brett mit ihren kleinen Händen zu bedecken, damit er auf deren Knöchel mit einem Fensterklotz aus hartem Holz schroff einschlug – der Schmerz muß heftig gewesen sein, denn die Jungen schrien und weinten.«[13]

In dieser schulischen Welt erhielt Paul Abraham seine ersten Bildungserlebnisse. Ob er Kontakt zu seinen fast gleichaltrigen, schon früh literarisch ambitionierten Mitschülern, etwa zu Kurt Hiller oder dem späteren expressionistischen Lyriker und Dramatiker Alfred Wolfenstein, unterhielt, lässt sich nicht nachweisen. Hiller und Wolfenstein stammten aus ganz ähnlichen Verhältnissen, machten nur ein halbes Jahr vor Paul Abraham Abitur und entschieden sich wie er nach der Schule für ein Jurastudium.[14] Sicher ist, dass sich Paul Abraham nicht nur für

Antike und Geschichte, sondern auch für Literatur interessierte und viel las. Am Ende seines Lebens verfügte er über eine stattliche, etwa 700 Bände umfassende Bibliothek, in der sich neben 300 wissenschaftlichen Werken auch zahlreiche belletristische Bücher befanden.[15] Kleine Hinweise auf seine Lektüreerlebnisse finden sich in einer späteren Veröffentlichung, in der er etwa auf die dichterische Gestaltungskraft des französischen Romanciers Gustave Flaubert oder des heute nahezu vergessenen niederländischen Schriftstellers Louis Couperus hinwies.[16]
Spätestens ab 1899/1900, also im Todesjahr seines Vaters, gehörte Paul Abraham zu den Freischülern des Gymnasiums, die auf Grund der wirtschaftlichen Situation ihrer Eltern das jährliche Schulgeld von 130 Mark nicht aufbringen konnten. In den ersten Jahren fiel Paul Abraham durch sehr gute Leistungen auf. Auch das änderte sich mit dem Tod des Vaters. In der Rangordnung, die auch den Sitzplatz im Unterricht festlegte, nahm er unter den 22 Schülern seiner Klasse aber auch später noch einen mittleren Rang ein.[17] Zu Michaelis 1905 bestand Paul Abraham seine Abiturprüfungen. Er wollte nun, trotz seiner schwierigen finanziellen Situation, an der Berliner Universität, der führenden Hochschule des Deutschen Reichs, studieren. Für die Wahl seines Studienortes sprachen sicher nicht nur Renommee und Nähe, sondern auch die Tatsache, dass hier der Anteil jüdischer Studenten und Hochschullehrer besonders hoch lag.[18]

III. Vom Studenten zum Akademiemitarbeiter

Im November 1905 schrieb sich Paul Abraham als Student der Geschichte an der Philosophischen Fakultät der Friedrich-Wilhelm-Universität ein, wechselte aber bereits ein Jahr später an die Juristische Fakultät.[19] Er besuchte zunächst historische und paläographische Übungen bei den Althistorikern Eduard Meyer und Otto Hirschfeld sowie bei dem Mittelalterhistoriker Michael Tangl. Nach seinem Wechsel an die Juristische Fakultät belegte er neben allgemeinen juristischen Vorlesungen und Übungen vor allem Lehrveranstaltungen zur Rechtsgeschichte

Friedrich-Wilhelms-Universität zu Berlin (Aufnahme um 1900)

und zum römischen Recht, unter anderem bei Emil Seckel, Bernhard Kübler, Otto von Gierke und Heinrich Brunner. Er nutzte aber auch das Lehrangebot anderer Fakultäten und Disziplinen und ergänzte seine Rechtskenntnisse durch historische, staatswissenschaftliche und theologische Studien. Nachweisen lassen sich Besuche von Lehrveranstaltungen bei dem Nationalökonomen Gustav von Schmoller, dem Historiker Otto Hintze, aber auch bei dem Theologen Adolf von Harnack.[20]
Von seinen Berliner Universitätslehrern sollten besonders Bernhard Kübler, Karl Neubecker und Emil Seckel den jungen Jurastudenten beeinflussen. Jahre später hat Paul

Bernhard Kübler (1859–1940)

Emil Seckel (1864–1924)

Karl Neubecker (1872–1923)

Abraham die Lebensleistungen der inzwischen verstorbenen Neubecker und Seckel in kleinen Bio-Bibliographien gewürdigt. An Neubecker, der sich durch Arbeiten zum bürgerlichen Recht und durch international vergleichende Forschungen einen Namen gemacht hatte, schätzte Paul Abraham vor allem dessen modernes und nichthierarchisches Selbstverständnis als Dozent.[21]

Seckels Vorlesungen begeisterten ihn wegen der Anschaulichkeit, mit der dieser das antike Leben zu schildern vermochte. Für seine spätere Entwicklung folgenreich war der Besuch von Seckels Einführung in die Geschichte des römischen Rechts im Mittelalter: »Hier versuchte [Seckel], einen kleinen Kreis jüngerer Juristen mit den für die Entzifferung juristischer Handschriften des Mittelalters unentbehrlichen Kenntnissen in der lateinischen Paläographie auszustatten und sich einen Stab von Mitarbeitern [...] heranzuziehen«, erinnerte sich Paul Abraham später.[22] Ein ausgewählter Kreis rechtshistorisch interessierter Studenten, Privat-

BIO-BIBLIOGRAPHISCHE BEITRAGE
ZUR GESCHICHTE DER
RECHTS- UND STAATSWISSENSCHAFTEN
Abteilung Rechtswissenschaften: Heft 1

EMIL SECKEL

Von

PAUL ABRAHAM

R. L. PRAGER BERLIN NW 7
1 9 2 4

BIO-BIBLIOGRAPHISCHE BEITRAGE
ZUR GESCHICHTE DER
RECHTS- UND STAATSWISSENSCHAFTEN
Abteilung Rechtswissenschaften: Heft 2

KARL NEUBECKER

Von

PAUL ABRAHAM

R. L. PRAGER BERLIN NW 7
1 9 2 5

Mark 1.20

Die beiden von Paul Abraham zusammengestellten Bio-Bibliographien zu Emil Seckel und Karl Neubecker

dozenten und Professoren aus verschiedenen Disziplinen traf sich auch nach den Lehrveranstaltungen zu wöchentlichen Kegelabenden. Dazu gehörten neben Brunner, Seckel und Tangl auch die Anglisten Alois Brandl und Heinrich Spies sowie der im Mai 1945 an den Folgen seiner KZ-Haft in Flossenbürg verstorbene Mittelalterhistoriker Ernst Perels.[23]

Finanziert hat Paul Abraham sein Studium seit dem zweiten Semester durch das für drei Jahre gewährte Gustav-Levinstein-Stipendium des Askanischen Gymnasiums.[24]

Danach verdiente er seinen und den Lebensunterhalt der Mutter mit wissenschaftlichen Zuarbeiten und mittels weiterer Stipendien, so 1912/13 dem Mosse- bzw. dem Hirsch-Stipendium.[25]

Zumindest in den ersten Semestern war Paul Abraham ein erfolgreicher Student. Zweimal erhielt er Preise der Juristischen Fakultät; für eine Arbeit über das Schatz- und Fundregal im deutschen Recht im Sommer 1908 sogar den ersten Preis.[26]

Eine der Broterwerbstätigkeiten sollte seine berufliche Entwicklung für die nächsten Jahrzehnte bestimmen. Im Herbst 1909 wandte sich Paul Abraham, vermutlich auf Grund seiner akuten finanziellen Notlage, an Bernhard Kübler, seinen inzwischen als Professor an der Universität lehrenden ehemaligen Gymnasiallehrer. Kübler schlug vor, ihn in Arbeiten für das von ihm mit herausgegebene »Vocabularium Iurisprudentiae Romanae« (VIR) einzubeziehen. Kübler konnte hier neue Mitarbeiter dringend gebrauchen, insbesondere für den dritten Band. Das Wörterbuch der römischen Rechtssprache war eines jener geisteswissenschaftlichen Langzeitvorhaben, die von der Preußischen Akademie der Wissenschaften mit erheblichem Aufwand und teils über mehrere Jahrzehnte betrieben worden. Die Initiative für das VIR ging noch auf Theodor Mommsen zurück; die eigentlichen Arbeiten begannen aber erst 1887.[27] Die treibenden Kräfte des Unternehmens waren Kübler, später auch Seckel, Or-

dentliches Mitglied der Akademie und Vorsitzender des Kuratoriums der Savigny-Stiftung, die das VIR in Verbindung mit der Akademie herausgab.
Möglicherweise war es Seckel gewesen, der Paul Abraham geraten hatte, sich mit seinem Anliegen an Kübler zu wenden. Er hatte damit Erfolg. Im November 1909 schlug Kübler der Akademischen Kommission der Savigny-Stiftung vor, die Bearbeitung des dritten Bandes dem Studenten Paul Abraham zu übertragen. Um seine Beschäftigung entspann sich eine grundsätzliche Debatte um Einstellungsfragen an der Akademie. Sie drehte sich darum, ob ein Student ohne akademische Grade für eine solche Aufgabe überhaupt in Frage kommen könne. Seckel, Brunner und Hirschfeld machten sich für Paul Abraham stark, hoben dessen Fähigkeiten hervor und führten pragmatische Gründe ins Feld. Gegen ihn sprach sich nur der auch sonst allem Neuem – etwa dem Frauenstudium – abholde Germanist Gustav Roethe aus.[28] Roethe, immerhin Sekretar der Philosophisch-historischen Klasse der Akademie, war aus prinzipiellen Gründen gegen die Anstellung eines Studenten. Am Ende entschied sich die Kommission jedoch dafür, erstmals in ihrer Geschichte einen Studenten ohne akademische Weihen zu beschäftigen. Der Werkvertrag mit Paul Abraham wurde am 24. Januar 1910 abgeschlossen. Bei der Ausgestaltung des Werkvertrages hatten Kübler und Seckel die schwierige finanzielle Situation Paul Abra-

hams berücksichtigt. Er sollte nicht nur die eigentlichen Artikel verfassen, sondern auch sämtliche Hilfsarbeiten, wie das Ausschreiben der Zitate oder die Verzettelung, übernehmen. So bestand für ihn die Möglichkeit zusätzlicher Einnahmen. Er sollte innerhalb von drei Jahren die Hefte 2 bis 4, also die Buchstaben »I« bis »M«, des dritten Bandes des VIR bearbeiten. Als Honorar waren 100 Mark pro Bogen sowie weitere 100 Mark für die erforderlichen Hilfsarbeiten vorgesehen.[29]

Die erfolgreiche Fortführung des VIR schien also gesichert. 1911 lag der erste Bogen im Druck vor, 1912 zwei weitere Bögen. Ein Jahr später musste Brunner jedoch feststellen, dass die Arbeiten am dritten Band wegen der, wie es hieß, »Behinderung« des Bearbeiters Paul Abraham erheblich ins Stocken geraten waren.[30]

Was war geschehen? Nach der Fertigstellung der ersten Bögen hatte Paul Abraham die Arbeiten am VIR vernachlässigt. Ab 1913 häufen sich die Klagen über seine Arbeit. Der entsprechende Schriftwechsel Küblers, der 1912 an die Erlanger Universität gewechselt war, das VIR aber weiterhin betreute, steckt voller Beschwerden über seinen säumigen Mitarbeiter. Trotz der langen Einarbeitungszeit und des anfangs gezeigten Fleißes leiste er inzwischen kaum noch etwas, hieß es bei Kübler. Er führe die Herausgeber an der Nase herum und schnorre ständig Geld. Auch mit seinem Studium würde er nicht vorankommen. Mehrfach drängte der erboste Kübler Seckel in

Berlin, Paul Abrahams Vertrag zu kündigen. Die Gründe für dessen Verhalten lagen jedoch in seiner schwierigen persönlichen Situation, wie Paul Abraham auch gegenüber Seckel betonte. Nach wie vor musste er nicht nur sich, sondern auch seine Mutter über Wasser halten. Eine Aussprache entspannte die Situation fürs Erste. Paul Abraham beendete zum Ende des Sommersemesters 1913 sein Studium[31], intensivierte die Arbeiten für das VIR und bereitete sich auf das anstehende Referendarexamen vor, für das er sich im März 1914 anmeldete. Im Mai 1914 schloss er seine 300-seitige, heute verschollene Abschlussarbeit über »Die Verpflichtung des Eigentümers zur Erhaltung seines Eigentums in polizeimäßigem Zustande« ab. Die Wogen schienen sich zu glätten. Trotz weiterer Kritik an Paul Abrahams Arbeitsstil und des Vorwurfs, dass er ein »unpraktischer Mensch« sei, zeigten sich Seckel, bald auch Kübler, versöhnlicher. Der Vertrag wurde nicht gekündigt. Allerdings stellte die Kommission einen zusätzlichen Mitarbeiter ein, der einen Teil der zunächst Paul Abraham zugedachten Arbeiten erledigen sollte. Vielleicht dämmerte es den Herausgebern auch, dass gerade der besonders arbeitsintensive Teil des VIR, an dem Paul Abraham saß, von vornherein eine Überforderung des jungen, noch unerfahrenen Bearbeiters gewesen sein könnte.

Es gab weitere Gründe, die die Arbeiten Paul Abrahams für das VIR verzögerten. Er arbeitete zeitweilig auch an anderen wissenschaftlichen Großprojekten mit. So unterstützte er den Rechtshistoriker Felix Liebermann bei dessen Edition der »Gesetze der Angelsachsen«, einem Werk, das ebenfalls mit Hilfe der Savigny-Stiftung für Rechtsgeschichte und der Wissenschaftsakademien in Berlin und München entstand. Paul Abraham bearbeitete gemeinsam mit Liebermann das Rechts- und Sachglossar für den zweiten Teil des zweiten Bandes, der im Juli 1912 erschien. Er las die erste Korrektur und schrieb zu einigen Stellen teils ausführliche Vergleiche mit dem kontinentalen mittelalterlichen Recht. Diese Verweise finden sich unter seinem Namen jeweils am Ende der entsprechenden Begriffe. Sie zeugen von seinen hervorragenden Sprach- und Literaturkenntnissen. Liebermann schätzte Paul Abrahams Arbeit sehr. Im Vorwort des Bandes hob er den hohen Stellenwert seiner Mitarbeit explizit hervor, was in vergleichbaren Arbeiten durchaus nicht üblich war.[32] Auch Paul Abraham begegnete Felix Liebermann zeitlebens mit Hochachtung. Als der Bruder des Malers Max Liebermann 1925 bei einem Verkehrsunfall tragisch ums Leben kam, widmete er ihm in der jüdischen Monatszeitschrift »Der Morgen« einen dankbaren und einfühlsamen Nachruf.[33]

Das VIR stand auch weiterhin unter keinem günstigen Stern. 1914 brach der Erste Weltkrieg aus. Die Arbeiten kamen für einige Jahre fast völlig zum Erliegen. Noch am 1. August 1914, dem Tag des Kriegsausbruchs, legte Paul Abraham sein Notexamen ab. Diese Regelung war eigentlich für zukünftige Kriegsteilnehmer gedacht. Sie erlangte erst Gültigkeit, sobald der betreffende Kandidat seinen Heeresdienst antrat. Paul Abraham aber war von der militärischen Dienstpflicht befreit. Er gehörte lediglich dem ersten Aufgebot des Landsturms an. Von Kriegsbegeisterung war bei ihm nichts zu spüren. Sachlich berichtete er Seckel im Oktober 1914, dass er sich seit Kriegsausbruch ganz dem VIR gewidmet habe und nun intensiv an den schwierigen und umfangreichen Artikeln »imperative« und »imperator« arbeite. Kübler, der sich freiwillig zum Krieg gemeldet hatte und der sich in den nächsten Jahren – wie viele seiner Kollegen – aktiv an der Kriegspropaganda beteiligte, war einmal mehr von Paul Abraham enttäuscht. Inzwischen Hauptmann einer Landsturmkompanie im besetzten Belgien, hatte Kübler angenommen, dass die angeblich allgemeine Kriegsbegeisterung Paul Abraham zum Notexamen animiert hätte und seinen Arbeitseifer beflügeln würde. Nun verdächtigte er Paul Abraham, dass er seine Arbeit am VIR gegenüber den Militärbehörden nur vorgeschoben hätte, um sich vom Militärdienst befreien zu lassen.[34] Aus Küblers Äußerungen sprechen nicht nur die Enttäuschung über den schleppenden Fortgang der Arbeiten am VIR, Paul Abrahams mangelnde Bereitschaft, in den Krieg zu ziehen, oder das Unvermögen, sich in die materielle Notlage von Mitarbeitern einzufühlen. Erkennbar scheint in Küblers Vorwürfen bereits der in den späteren

Kriegsjahren noch häufiger geäußerte antisemitische Generalvorwurf der »Drückebergerei« gegenüber den deutschen Juden auf.[35]
Anfang 1915 meldete sich Paul Abraham schließlich doch zum Heeresdienst, allerdings als freiwilliger Krankenpfleger. Bis Ende 1917 gehörte er zum Pflegepersonal des Vereinslazarettzuges O, der im Operations- und Etappengebiet der Ost- und Südostfront eingesetzt wurde. Die fahrenden Lazarette hatten die Aufgabe, die Verwundeten von der Front bis in das Etappengebiet oder in die Heimat zu transportieren und medizinisch zu versorgen. Der Dienst war alles andere als ungefährlich. Die Verlustrate unter den Angehörigen der Freiwilligen Krankenpflege und des Militärsanitätswesens war sehr hoch.[36] Zwischen Juli und November 1918 gehörte Paul Abraham schließlich zur Krankentransportabteilung der 4. Armee an der Westfront. Er nahm an den Gefechten bei Ostende an der belgischen Nordseeküste teil und wurde gegen Kriegsende möglicherweise noch als Beobachter einer Seeflottenabteilung eingesetzt. Nach Kriegsende wurde er nicht sofort entlassen, sondern wieder zum Vereinslazarettzug O zurück versetzt. Erst im Februar 1919 kam Paul Abraham zurück in das von Revolution, Nachkriegswirren und Bürgerkrieg erschütterte Berlin.[37]
Kübler, der spiritus rector des VIR, hatte schon nach seiner Rückkehr nach Erlangen im April 1916 die unterbro-

chene Arbeit wieder aufgenommen. Er versuchte sofort, den Kontakt zu seinen Mitarbeitern an der Front herzustellen. Das gelang ihm nur mit einiger Mühe. Bis 1923 ruhten die Arbeiten am VIR fast vollständig. Wegen des Papiermangels konnten bereits fertig gestellte Bögen nicht mehr gedruckt werden. Immerhin war ein von Abraham bearbeiteter Bogen noch 1916 in Druck gegangen. Paul Abraham machte sich ab 1919 wieder an die Arbeit. Ein Jahr später konnte er einige Artikel für den dritten Band abliefern. Danach wurden die Arbeiten weitgehend eingestellt, da es keinerlei Finanzierungsmöglichkeiten für das VIR gab.[38]

Die Arbeit am VIR war für Paul Abraham nie die einzige Einkommensquelle gewesen. Die von der Akademie gezahlten Honorare – im besten Falle monatlich 200 Mark – reichten nicht aus, um seinen Lebensunterhalt zu verdienen.[39] Er war immer auf zusätzliche Verdienstmöglichkeiten angewiesen. In den Berliner Adressbüchern und im Jüdischen Adressbuch wird er als Kaufmann oder als Versicherungsangestellter geführt, was auf andere, nichtwissenschaftliche Neben- oder Haupttätigkeiten hinweist, über die keine Informationen vorliegen. Ohnehin gibt es nur wenige Hinweise über Paul Abrahams persönliche Lebensumstände. Er hatte offenbar keine Geschwister und hat nie geheiratet. Er blieb zeitlebens Mitglied der Jüdischen Gemeinde.[40] 1924 zog er mit seiner Mutter, die jedoch schon am 12. Januar 1925 im Jüdischen Kranken-

haus II starb, in eine kleine Eineinhalb- oder Zweizimmerwohnung in der Schönhauser Allee 138/139/Ecke Cantianstraße im Prenzlauer Berg.[41]
In die Mitte der 1920er Jahre fallen seine beiden einzigen eigenständigen Veröffentlichungen. Im Verlag von Robert Ludwig Prager, der auf staats- und rechtswissenschaftliche Literatur spezialisiert war, publizierte er die bereits erwähnten Bio-Bibliographien seiner akademischen Lehrer Emil Seckel und Karl Neubecker. Eine dritte Bio-Bibliographie zu Felix Liebermann, die er für den Prager-Verlag vorbereitet hatte, ist nicht in Druck gelangt.[42] Prager, ein angesehener und engagierter Berliner Verleger und Buchhändler, hatte 1924 begonnen, die zunächst in der von ihm herausgegebenen allgemeinen »Bibliographie der Rechts- und Staatswissenschaften« erschienenen bio-bibliographischen Arbeiten in erweiterter Form als Einzelausgaben zu veröffentlichen. Als erstes Heft der rechtswissenschaftlichen Abteilung erschien Ende 1924 Paul Abrahams Arbeit über Seckel[43], ein Jahr später als zweites Heft die zu Neubecker[44]. Weitere Bio-Bibliographien widmeten sich Juristen, Ökonomen und Politikern wie Lenin, Bakunin, Lujo Brentano, Gerhart Schulze-Gaevernitz oder Eberhard Gothein. Als Autoren hatte Prager, der sich nicht zuletzt um die wissenschaftliche Erschließung des theoretischen Sozialismus verdient gemacht hat, oft politisch links stehende Wissenschaftler und Intellektuelle gewonnen, unter anderem den nach seiner

Emigration in die USA in Berkeley lehrenden Ökonomen Hans Neisser, den Max-Weber-Herausgeber Melchior Palyi oder den umstrittenen, später ins rechte Lager gewechselten Bibliothekar Ernst Drahn.[45]
Bei der Vorbereitung der Bibliographien arbeitete Abraham eng mit den Angehörigen der verstorbenen Gelehrten zusammen und nutzte deren Nachlässe und Bibliotheken.[46] Den eigentlichen Bibliographien waren kurze biographische Skizzen vorangestellt. Sie enthielten bei Abraham auch stark persönlich gefärbte Wertschätzungen der Porträtierten. Dieser Umstand macht die Arbei-

ten zur fast einzigen Quelle für Paul Abrahams Selbst- und Weltverständnis. Das trifft noch stärker auf den Nachruf zu, den Paul Abraham 1925 Felix Liebermann in der Zweimonatszeitschrift »Der Morgen« widmete. Diese einflussreiche, von Julius Goldstein herausgegebene Zeitschrift verstand sich als Sprachrohr der liberalen deutschen Juden, deren nationales und kulturelles Zentrum Deutschland war. Sie grenzte sich deutlich vom Zionismus ab, bekämpfte aber vor allem den immer stärker in Erscheinung tretenden Antisemitismus. Auf einem hohen intellektuellen Niveau wurden – oft kulturkonservativ im Grundton und illusionslos in Bezug auf die gegenwärtige Situation – Fragen der Philosophie, der Kultur und der Religion behandelt. Zu den ständigen oder zeitweiligen Autoren gehörten unter anderem Julius Bab, Ernst Cassirer, Siegried Kracauer, Leo Baeck, Franz Rosen-

Grabreihe mit den Grabstellen der Eltern von Paul Abraham auf dem Jüdischen Friedhof Berlin-Weißensee (Feld K2, Reihe 25, heutiger Zustand)

zweig, Martin Buber oder Nelly Sachs.[47] Der Nachruf für Felix Liebermann blieb allerdings der einzige Beitrag, den Paul Abraham für den »Morgen« schrieb.
Paul Abraham beschreibt Felix Liebermann als »eine Zierde des Judentums«, würdigt dessen wissenschaftliches Werk, aber auch sein selbstloses, auf humanitären und sozial-liberalen Grundsätzen beruhendes ehrenamtliches Engagement, insbesondere für den mittellosen jüdischen Nachwuchs, von dem auch Paul Abraham profitiert hatte. Er sah in Felix Liebermann nicht bloß den zurückgezogen

Felix Liebermann (1851–1925)

Privatgelehrten. In Abrahams Darstellung gerät Liebermann zu einer intellektuellen Leitfigur humanistisch-liberaler Prägung, der sich auch den Problemen der Gegenwart stellte. An seinem Beispiel zeige sich, so Abraham, dass ein »als unpraktisch verschrieener Rechtshistoriker« durchaus etwas zur Lösung von gegenwärtigen Fragen beitragen könne. Die Würdigung Liebermanns, in der am Ende auch pessimistische Töne anklingen, enthält sicher ein Stück Selbstreflexion. Vielleicht sah sich Paul Abraham selbst ein wenig in der Rolle des stillen Privatgelehrten jüdischer Herkunft, als Außenseiter im öffentlichen und wissenschaftlichen Leben. Ein weiterer Hinweis auf eine vermutete Nähe Paul Abrahams zum Linksliberalismus könnte die Erwähnung des Staatsrechtlers und »Vaters der Weimarer Verfassung« Hugo Preuß im Nachruf sein – der auf seine Weise auch ein Außenseiter in Wissenschaft und Politik war. Als akademischen Lehrer dürfte er »Prof. Preuß« allerdings nicht mehr kennengelernt haben. Preuß war nach mehreren verhinderten Versuchen, sich an der Friedrich-Wilhelms-Universität zu etablieren, an die 1906 neu gegründete Handelshochschule Berlin gewechselt.[48]

IV. Die Arbeit am »Vocabularium Iurisprudentiae Romanae«

Nachdem es der Akademie und der Savigny-Stiftung gelungen war, den Fortbestand des VIR über eine Mischfinanzierung aus Mitteln des Deutschen Reiches und der Notgemeinschaft der Deutschen Wissenschaft, der späteren Deutschen Forschungsgemeinschaft, zu sichern, nahmen die meisten der ehemaligen Mitarbeiter 1925 ihre Tätigkeit wieder auf.[49] Die bisherige Werkvertragsstellung Paul Abrahams wurde in eine verbindlichere Dienstvertragsstellung umgewandelt.[50] Dies bot Paul Abraham zwar einige arbeitsrechtliche Vorteile; sein Status als freier Mitarbeiter der Akademie änderte sich jedoch nicht.[51]

Nach dem Tode von Seckel 1924 hatte der Berliner Rechtswissenschaftler Ernst Heymann, seit 1926 Sekretar der Philosoph-historischen Klasse der Akademie, die Geschäfte des VIR übernommen. Zu Paul Abraham fand er offenbar ein gutes kollegiales Verhältnis. Heymann schätzte seine sorgfältige Arbeit und seine Erfahrungen sehr. Ihre Zusammenarbeit erstreckte sich nicht nur auf das VIR. Bereits bei der Seckel-Bibliographie hatte Heymann Abraham unterstützt.[52] Heymann wiederum erhielt für die Vorbereitung seines Nachrufes für Felix Liebermann in der Zeitschrift der Savigny-Stiftung einige Hinweise von Paul Abraham und wies in seinem Beitrag

Ernst Heymann (1870–1946)

auf Abrahams bereits erschienenen Nachruf im »Morgen« hin.[53] In den Jahresberichten des VIR würdigte er die Leistungen Paul Abrahams ausdrücklich, eine kleine Geste, die zuvor selten gewesen war.[54] Heymann wusste, dass bei der vorwiegend lexikalischen Arbeit am VIR ein hohes Maß an Zeitaufwand, Geduld, Ausdauer, Hingabe und Akribie Grundvoraussetzungen waren; Fähigkeiten, über die Paul Abraham neben umfangreichen rechtsgeschichtlichen und philologischen Kenntnissen in einem hohen Maße verfügte.[55]

Einen seltenen Einblick in den Arbeits- und Entstehungsprozess eines Artikels für das VIR vermittelt ein erhalten gebliebener Brief Paul Abrahams vom Oktober 1914. Für den schwierigen Artikel »imperator« musste er zunächst nach allen Stellen suchen, in denen der Begriff in der römischen Rechtsliteratur auftrat. Anschließend stellte er die Funde, geordnet nach der Kasusfolge, zusammen. In einem nächsten Schritt überprüfte er – unter Hinzuziehung der einschlägigen Literatur – alle Stellen, in denen »imperator« in der Bedeutung von »Kaiser« gebraucht wurde. Danach erfolgte die Zusammenstellung der jeweiligen Zitate in chronologischer Reihenfolge. Um etwaige Parallelarbeiten zu vermeiden, setzte er sich mit dem Althistoriker in Verbindung, der zur selben Zeit den entsprechenden Artikel für die Neuausgabe von »Paulys Realencyclopädie der classischen Altertumswissenschaft« bearbeitete.[56] Bei diesem Kollegen handelte es sich im Übrigen um den jungen, eben an der Berliner Universität zum Privatdozenten für Alte Geschichte ernannten Arthur Rosenberg, später eine der interessantesten, zeitweilig für die KPD aktiven Historikerpersönlichkeiten der Weimarer Republik. Beide kannten sich offenbar noch aus ihrer Schul- und Studienzeit am Askanischen Gymnasium bzw. an der Friedrich-Wilhelms-Universität.[57]

1930 erschien das zweite Heft des dritten Bandes des VIR; 1931 lag schließlich der komplette von Paul Abraham bearbeitete Faszikel II des dritten Bandes (»idem« bis »in«) im Druck vor. Das war eine beachtliche Leistung. Manche Artikel, wie zum Beispiel das Wort »in« umfassten mehr als 200 Spalten.[58] Nicht nur Heymann, sondern auch Kübler, der Paul Abraham so lange mit Misstrauen begegnet war, lobten seine Arbeit ausdrücklich.[59] In den folgenden Jahren schritten die Arbeiten am VIR ohne größere Probleme voran. Paul Abraham bereitete die nächsten beiden Lieferungen für den dritten Band vor, so dass für 1933 nur noch die fünfte Lieferung und damit der Abschluss des Bandes ausstand.

V. Die Entlassung

Doch es kam erneut anders. Nach der Machtübernahme durch die Nationalsozialisten im Januar 1933 spielte plötzlich die Tatsache, dass Paul Abraham Jude war, eine entscheidende Rolle. Nach dem »Gesetz zur Wiederherstellung des Berufsbeamtentums« vom 7. April 1933, der juristischen Grundlage für die systematischen Vertreibungen von Wissenschaftlern, die bislang im Staatsdienst beschäftigt waren, war auch Paul Abrahams Stellung an der Akademie gefährdet. Obwohl die einschneidenden Bedingungen des sog. »Arierparagraphen« für ihn als freien Mitarbeiter mit Dienstvertrag zunächst keine direkte Anwendung fanden, betrafen sie seine Weiterbeschäftigung trotzdem. 1935 musste Paul Abraham Nachweise über seinen Militärdienst im Ersten Weltkrieg bei der Akademie einreichen. In seinem Falle sollten die Ausnahmebestimmungen für ehemalige Frontkämpfer geltend gemacht werden. Noch im Mai 1935 hatte Paul Abraham das vom früheren Reichspräsidenten Hindenburg gestiftete »Ehrenkreuz für Frontkämpfer zur Erinnerung an den Weltkrieg« erhalten.[60] Bis 1938 blieb formal-arbeitsrechtlich fast alles beim Alten. Paul Abraham kümmerte sich weiterhin um die Fertigstellung des dritten Bandes des VIR. Auf Vorschlag Küblers sollte er nun sogar den gesamten dritten Band (»H« bis »M«) fertigstellen. 1937 legte er einen weiteren Faszikel der ersten Abteilung

Gemeinsames Gebäude der Preußischen Staatsbibliothek und der Preußischen Akademie der Wissenschaften (Aufnahme um 1938)

vor.[61] Die neuen Machtverhältnisse schlugen sich für Paul Abraham zunächst in vermeintlichen Äußerlichkeiten nieder. War es bisher üblich gewesen, dass die Mitarbeiter in den jährlichen Berichten der Savigny-Stiftung namentlich genannt wurden, so änderte sich das nun. In den Jahresberichten schrieb Heymann seit 1933 nur noch allgemein vom Fortgang der Arbeiten am dritten Band – ohne den Namen Paul Abrahams zu nennen. Die übrigen Mitarbeiter des VIR erwähnte er in der bislang üblichen Weise.[62]
Die nationalsozialistischen Verfolgungs- und Entlassungsmaßnahmen an den wissenschaftlichen Einrichtungen erreichten bald darauf auch Paul Abraham direkt. Im Oktober 1938 mussten die letzten fünf der von den Nationalsozialisten als »nichtarisch« eingestuften Ordentlichen Mitglieder die Preußische Akademie der Wissenschaften verlassen. Die Akademie trennte sich nicht nur von ihren Mitgliedern, sondern auch von den wenigen noch verbliebenen jüdischen Mitarbeitern.[63] Dem Germanisten und langjährigen Jean-Paul-Herausgeber Eduard Berend und dem Herausgeber der »Acta Borussica« Ernst Posner wurden die Verträge ebenso gekündigt wie den beiden in Wien bzw. Prag tätigen Althistorikern Edmund Groag und Arthur Stein, die die Bände des »Prosopographia Imperii Romani« bearbeiteten und herausgaben. Berend und Posner kamen nach der Pogromnacht vom 9./10. November 1938 für einige Wochen in das KZ Sachsenhausen, ehe sie 1939 in die Schweiz bzw. über

Schweden in die USA emigrierten. Groag überlebte dank seiner nichtjüdischen Ehefrau die NS-Zeit in Wien und starb im August 1945; Stein wurde 1942 in das Ghetto Theresienstadt deportiert, überlebte gleichfalls und kehrte 1945 nach Prag zurück.[64]
Paul Abraham musste schon im Juli 1938 weitere Nachweise über seinen Status als Frontkämpfer nachreichen, um seine drohende Entlassung wenigstens hinauszuzögern.[65] Heymann, seit 1938 Vizepräsident der Akademie, bemühte sich immerhin, Paul Abraham so lange wie möglich am VIR zu halten. Das überrascht insofern, als Heymann ein erheblicher Anteil an der Nazifizierung der Akademie und – als Dekan – der Juristischen Fakultät der Berliner Universität zugesprochen wird.[66] Im Oktober 1938, als die Entlassung der letzten jüdischen Mitarbeiter bevor stand, hatte er gegenüber dem Reichserziehungsministerium, das entsprechenden Druck ausübte, für eine »radikale Lösung der Judenfrage« plädiert.[67] Ausschlaggebend für Heymanns Bemühungen waren pragmatische Erwägungen, das Wissen, dass mit Paul Abraham ein kompetenter Mitarbeiter das VIR verlassen musste, der auf lange Sicht nicht zu ersetzen war. Respekt gegenüber der Lebensleistung Paul Abrahams und die Erinnerung an ihre langjährige gute Zusammenarbeit mögen hinzugekommen sein. Heymann setzte die Weiterzahlung des monatlichen Honorars um einige Monate durch. Es sollte für die Abwicklung der Arbeiten am VIR und für nicht

näher bezeichnete Zuarbeiten für Kübler – möglicherweise die oben erwähnte Verzettelung der »Institutionen Iustinians« – gezahlt werden. Ähnliche Regelungen fand die Akademie auch für andere jüdische Mitarbeiter der Akademie, die ihre Mitwirkung an Akademieunternehmungen spätestens Anfang 1939 endgültig einstellen mussten.

Paul Abraham musste im April 1939, nach mehr als zweieinhalb Jahrzehnten Tätigkeit am VIR, Schrank und Schreibtisch in den Arbeitsräumen der Akademie Unter den Linden räumen und seine Unterlagen an Fritz Schwarz übergeben. Schwarz, NSDAP-Mitglied seit 1933, war 1934 zum VIR gekommen. Nach und nach hatte er die organisatorischen Aufgaben am VIR übernommen.[68] Schon seit 1938 waren als Ersatz für Paul Abraham zwei weitere Mitarbeiter für die restlichen Arbeiten an Band 3 eingearbeitet worden. Auch Bernhard Kübler beteiligte sich bis zu seinem Tode 1940 wieder aktiver an der eigentlichen Arbeit am VIR.

Für Paul Abraham bedeutete die Entlassung das Ende seiner wissenschaftlichen Tätigkeit. Nach anfänglichen Versäumnissen und Konflikten hatte er sich zu einem der erfahrensten und zuverlässigsten Mitarbeiter am VIR entwickelt. Sein Ausscheiden bedeutete für die Akademie und das international renommierte VIR einen schweren Verlust. Heymann beklagte sich kurz nach der Entlassung Abrahams bei der Deutschen Forschungsgemeinschaft, dass es nach dem Ausscheiden der jetzigen Mitarbeiter in einigen Jahren keine fachlich geeigneten Mitarbeiter mehr geben würde. Paul Abrahams Entlassung kam auch für das VIR zu einem denkbar ungünstigen Zeitpunkt. Die Bände 1, 2 und 5 lagen nach jahrelanger Arbeit fertig vor, die Arbeiten am dritten, also an Paul Abrahams Band, sowie am vierten, waren so weit gediehen, dass mit ihrer baldigen Fertigstellung gerechnet werden konnte.[69] Es sollte allerdings noch bis 1964 bzw. 1978 dauern, ehe der vierte und der fünfte Faszikel des dritten Bandes erscheinen sollten.

VI. Zwangsarbeit und Deportation nach Auschwitz

Für die Akademie schien die Angelegenheit Paul Abraham mit seinem Ausscheiden erledigt zu sein. Als im Oktober 1939 ein weiterer Faszikel des VIR erschien, war sein Name auf der Verteilerliste bereits fein säuberlich gestrichen. Seit seinem ersten Werkvertrag im Jahre 1910 hatte Paul Abraham jeweils ein Exemplar der gedruckten Faszikel oder vollständige Bände des VIR, zunächst als Leih-, später als Freiexemplar erhalten. Noch am 5. Mai 1938 hatte die Philosophisch-historische Klasse eine entsprechende Verteilerliste bestätigt, in der sein Name, wie seit Jahren üblich, an vierter Stelle stand.[70]

Paul Abrahams Lebensbedingungen verschlechterten sich in den nächsten Jahren drastisch. Ab Oktober 1941 begannen auch in Berlin die Deportationen. Auf Anweisung der Gestapo mussten die Mitarbeiter der »Reichsvereinigung der Juden in Deutschland« Deportationslisten zusammenstellen. Im Zuge der 11. Verordnung zum Reichsbürgergesetz vom 25. November 1941 verloren alle Juden die deutsche Staatsangehörigkeit; ihr Vermögen wurde im Falle der nun unmittelbar drohenden Deportation beschlagnahmt.[71] In dieser Lage schrieb Paul Abraham im Dezember 1941 an die Akademie, um ihr seinen wissenschaftlichen Nachlass zur Verfügung zu stellen. Angesichts der »bestehenden Verhältnisse«, wie er seine Lage und die erwartete Deportation umschrieb, wollte er sicher gehen, dass seine Arbeitsunterlagen nicht verloren gingen. Helmuth Scheel, der neue Direktor der Akademie, leitete Paul Abrahams Schreiben an Heymann weiter. Heymann, der inzwischen selbst eine Durchschrift des Schreibens erhalten hatte und an einer Übernahme durch die Akademie sehr interessiert war, informierte daraufhin Fritz Schwarz. Schwarz sollte sich mit Paul Abraham in Verbindung setzten, um mit ihm die Übergabemodalitäten zu klären. Heymann war sogar bereit, ein angemessenes Honorar an Paul Abraham zu zahlen. Die Übernahmeverhandlungen mit der Akademie zogen sich jedoch in die Länge. Anfang November 1942, also fast ein Jahr nach dem Angebot, erhielt Schwarz die Vollmacht, sich nach dem Verbleib des »jüdische[n] Schutzangehörige[n] Paul Abraham« zu erkundigen. In der offiziellen Begründung hieß es, dass es sich bei dem Material um Eigentum der Akademie und der Staatsbibliothek handeln würde, das »sichergestellt« werden müsse, falls Paul Abraham »evakuiert« – also deportiert – worden sei. Offenbar war die Verbindung zwischen Paul Abraham und der Akademie inzwischen abgerissen. Ein Telefonanruf der Akademieleitung bei der »Jüdischen Kultusgemeinde«, also der »Jüdischen Kultusvereinigung«, wie sich die Gemeinde nun nennen musste, hatte ergeben, dass Paul Abraham dort zwar zeitweilig tätig gewesen war, über seinen weiteren Verbleib aber nichts bekannt sei. Über die Art und

Dauer dieser Tätigkeit ist nichts bekannt.[72] Spätestens ab Sommer 1942 – als sich die Jüdische Gemeinde gezwungen sah, ihre letzten Mitarbeiter in den Wohlfahrtseinrichtungen zu entlassen – dürfte Paul Abraham im Rahmen des »Geschlossenen Arbeitseinsatzes deutscher Juden«[73] als Zwangsarbeiter bei der Firma Kurt Seidel im Gewerbehof Bülowstraße 66 beschäftigt gewesen sein. Die Firma stellte am Dennewitzplatz nicht näher spezifizierte Militärausrüstungen her. Paul Abrahams Lohn betrug monatlich 80 Reichsmark. Zur gesellschaftlichen Ächtung kam die wirtschaftliche Not. Allein die Miete für seine kleine Wohnung verschlang fast die Hälfte des Lohns. Der rechtlichen Diskriminierung und der gesellschaftlichen Ausgrenzung folgte die soziale Deklassierung. Das schrittweise Verbot der Teilnahme am öffentlichen und wissenschaftlichen Leben, alltägliche Demütigungen, die Stigmatisierung – ab Januar 1939 musste Paul Abraham wie alle männlichen Juden den zusätzlichen Vornamen »Israel« annehmen, bei jedem Schriftverkehr die jüdische Kennkartennummer angeben und ab Herbst 1941 den sog. »Gelben Stern« sichtbar an der Kleidung tragen und an seiner Wohnungstür anbringen – und zum Schluss bittere Armut, Elend und schwere körperliche Arbeit hatten Paul Abraham zermürbt.

Am 1. Oktober 1942 wurde das gesamte Vermögen von »Nathan Hermann Paul Israel Abraham« durch die

Berlin, Gewerbehof Bülowstraße 66 (heutiger Zustand). Hier musste Paul Abraham bei der Firma Kurt Seidel Zwangsarbeit leisten.

Staatspolizeistelle Berlin der Gestapo beschlagnahmt. Mitte Februar 1943 wurde er aus seiner Wohnung in der Schönhauser Allee abgeholt und zur Deportationssammelstelle in der Großen Hamburger Straße, dem einstigen Altersheim der Jüdischen Gemeinde, gebracht. Am 19. Februar musste Paul Abraham eine Vermögenserklärung mit der genauen Auflistung des Wohnungsinventars abgeben. Kurz darauf, am 24. Februar, trat er sein Vermögen dem Deutschen Reich ab. Diese Erklärung ist das letzte Zeugnis, das von Paul Abraham erhalten ist. Zwei Tage später, am 26. Februar 1943, wurde er unter der Transportnummer 31056 mit dem 30. Berliner Transport, wahrscheinlich vom Güterbahnhof Berlin-Moabit, in das Vernichtungslager Auschwitz deportiert. Ob er nach seiner Ankunft sofort in die Gaskammer geschickt wurde oder noch einige Zeit schwerste Zwangsarbeit leisten musste, ist ungewiss. Von den 1.095 Deportierten des Transportes haben nur elf Berliner Juden überlebt. Paul Abraham gilt als »verschollen« und wurde mit dem Datum 8. Mai 1945 offiziell für tot erklärt.[74]

Für die Behörden war der Fall Paul Abraham mit der Deportation keineswegs abgeschlossen. Noch stand die »Verwertung« seines kümmerlichen Vermögens aus. Der bestellte Gerichtsvollzieher fand in Paul Abrahams Wohnung – neben der erwähnten Bibliothek – allerdings nur Hausrat im Werte von 128,40 Reichsmark vor.

Nach Abzug von Gebühren und Kaution blieb dem Deutschen Reich ein Nettoerlös von 124,02 Reichsmark. Der Streit um die vom Vermieter, der Berliner Gasglühlicht-Werke Richard Goetsche AG, eingeforderten Mietschulden, die nach der »Evakuierung« für die »Judenwohnung« angefallen waren, wurde erst nach Monaten beigelegt. Der Vermieter bekam den Mietausfall zunächst von der »Vermögensverwertungsstelle« beim Oberfinanzpräsidenten von Berlin, nach der Räumung der Wohnung am 20. August 1943 vom Planungsamt der Reichshauptstadt und schließlich, nach der Zerstörung von Wohnung und Wohnhaus bei einem Bombenangriff am 22. November 1943, aus Reichsmitteln ersetzt. Nach der genauen buchhalterischen Abrechnung der Vermögensangelegenheiten wurde die Akte Paul Abraham am 20. März 1945 bürokratisch korrekt geschlossen.[75] Wenige Wochen später kapitulierte das nationalsozialistische Deutschland.

Auch die Akademie war nach Paul Abrahams Deportation noch einmal aktiv geworden. Im Mai 1943 informierte Fritz Schwarz Akademiedirektor Scheel, dass er Anfang des Monats die Wohnung von Paul Abraham aufgesucht hatte, um endlich die Übernahme des wissenschaftlichen Materials in die Wege zu leiten. Der Hauswart, der den Wohnungsschlüssel verwahrte, hatte Schwarz erklärt, dass Paul Abraham bereits »evakuiert« worden sei und die Gestapo die Wohnung versiegelt habe. Um an die Unterlagen zu kommen, war ein Antrag beim Hauptwirtschafts-

Brache Ecke Schönhauser Allee / Cantianstraße (Zustand 2010). An dieser Stelle stand das Haus, in dem Paul Abraham von 1924 bis zu seiner Deportation 1943 lebte.

amt Berlin notwendig. Scheel reagierte umgehend. Er stellte den Antrag, in dem er noch einmal darauf hinwies, dass die Unterlagen Paul Abrahams, der die Stadt vor einiger Zeit »verlassen« habe, der Akademie gehören würden. Dem Antrag wurde stattgegeben. Schwarz holte das Material am 3. Juli 1943 aus der Schönhauser Allee ab und brachte es in das Akademiegebäude Unter den Linden.[76] Um welches Material es sich im Einzelnen handelte, lässt sich nicht mehr mit Bestimmtheit sagen. Mit hoher Wahrscheinlichkeit gehörten dazu die Arbeitsunterlagen zum VIR. Sie wurden zusammen mit anderem Archivgut der Akademie gegen Kriegsende ausgelagert und kamen 1946 wieder zurück nach Berlin.[77] Später wurden die von Paul Abraham für das VIR bearbeiten Unterlagen geteilt. Einen Teil des Apparates zum Buchstaben »I« nahm Fritz Schwarz mit, als er 1948 Berlin in Richtung Münster verließ, um in den nächsten Jahren weiter am VIR und an den von Paul Abraham vorbereiteten Artikeln zu arbeiten. Andere Teile des VIR-Materials blieben in Berlin. Sie werden heute im Akademiearchiv aufbewahrt.[78]

Nach der Befreiung musste sich die Akademie ihrer Verantwortung im »Dritten Reich« stellen. Schon Anfang Juni 1945 versuchte die Akademieleitung, ihr Verhalten gegenüber ihren jüdischen Mitgliedern und Mitarbeitern in einem möglichst günstigen Licht erscheinen zu lassen, um sich für den »Wiederaufbau des wissenschaftlichen Lebens in Deutschland« zu empfehlen. Dabei verwies sie ausdrücklich auf die Weiterbeschäftigung des »jüdischen Assessor[s] Abraham« beim VIR.[79] Anschließend geriet Paul Abraham für lange Zeit fast ganz in Vergessenheit. Fritz Schwarz, inzwischen an der Universität Marburg, nannte Paul Abraham 1965 in einem Bericht über das VIR zwar namentlich, erwähnte aber wider besseres Wissen mit keinem Wort, welches Schicksal er erlitten hatte. Auch als das VIR 1989 endlich vollständig vorlag, wurde Paul Abraham zwar in das »dankbare Gedenken an die ehemaligen Mitarbeiter« einbezogen, die Umstände seines Ausscheidens oder gar seiner Ermordung in Auschwitz blieben jedoch unerwähnt.[80] Erst im Zusammenhang mit der Vorbereitung des 300-jährigen Jubiläums der inzwischen Berlin-Brandenburgischen Akademie der Wissenschaften führten zufällige Archivfunde dazu, sich des vergessenen Mitarbeiters der vormals Preußischen Akademie zu erinnern.

Stolperstein an der Stelle von Paul Abrahams Wohnhaus
Schönhauser Allee / Cantianstraße.

Anmerkungen

1 Berlin-Brandenburgische Akademie der Wissenschaften, Akademiearchiv (im Folgenden: BBAW, Akademiearchiv), Bestand Preußische Akademie der Wissenschaften (im Folgenden: PAW), II-XI, 142 (Abraham an PAW, 19.12.1941).

2 Der vorliegende Text folgt im Wesentlichen bereits an anderer Stelle veröffentlichten Aufsätzen und Artikeln zu Paul Abraham, ergänzt um neue Ergebnisse. Hier finden sich ausführliche Quellen- und Literaturverweise: THIEL, Jens: Paul Abraham. Ein vergessener Mitarbeiter der Preußischen Akademie der Wissenschaften, in: FISCHER, Wolfram (Hg.): Die Preußische Akademie der Wissenschaften zu Berlin 1914–1945, Berlin 2000, 435–458. – DERS.: Paul Abraham: A Forgotten Scholar of the Prussian Academy of Sciences and Humanities, in: Minerva. A Review of Science, Learning and Policy 42/4 (2004), 393–420. – DERS.: Verschollen in Auschwitz. Erinnerung an Paul Abraham, in: Askanische Blätter, Neue Folge, 76 (2000), 51–55. – DERS.: Das Schicksal des jüdischen Schülers Paul Abraham (1886–1943), in: Klepper, Peter: 125 Jahre Askanisches Gymnasium und Askanische Oberschule 1875–2000. Eine Chronik der Schule zum 125-jährigen Bestehen, Berlin 2000, 37–39. – SIMON, Dieter: Ein besonders erfolgreiches Langzeitvorhaben, in: DERS. (Hg.): Zeithorizonte in der Wissenschaft, Berlin 2004, 225–250. – DERS: Zeithorizonte. Versuch über ein verschwendetes Leben, in: Rechtsgeschichte 4 (2004), 84–113. Der Deutschlandfunk strahlte am 19. September 2008 ein Dossier über Paul Abraham aus: BAJOHR, Ulrike; SIMON, Dieter: Das Vermächtnis des Paul Abraham. Das römische Recht, der Jude und die deutsche Akademie. Ein Feature. http://www.dradio.de/dlf/sendungen/dossier/834352/ (Zugriff: 25.7.2010).

3 Vgl. die Akten in der Überlieferung der Jüdischen Gemeinde von Wongrowitz im Archiv der Stiftung Neue Synagoge Berlin – Centrum Judaicum, bes. CJA, 1, 75A, Wo 3, Nr. 2, #9064; Nr. 4, #9067; Nr. 37, #9101;Nr. 38, #9202; Nr. 38/1, #9103. In den Gemeindeakten finden sich seit den 1830er Jahren auch weiter Mitglieder mit Nachnamen »Abraham«, etwa Hirsch, Itzig oder Aron Abraham. Itzig Abraham war seit den 1830er Jahren Stellvertretender Repräsentant der Jüdischen Gemeinde.

4 Alle Zahlengaben nach: BRESLAUER, Bernhard: Die Abwanderung der Juden aus der Provinz Posen. Denkschrift im Auftrage des Verbandes der Deutschen Juden, Berlin 1909, 15–18. – MEYERS Orts- und Verkehrslexikon, Leipzig 1916[5], 1191. Die jüdische Gemeinde Wongrowitz wurde während des Holocaust ausgelöscht, ihre Mitglieder ebenso wie viele Polen deportiert und ermordet. Vgl. etwa: HEPPNER, Aron; HERZBERG, Isaak: Aus Vergangenheit und Gegenwart der Juden und der jüdischen Gemeinden in den Posener Landen nach gedruckten und ungedruckten Quellen, Koschmin; Bromberg, 1904, bes. 1004–1009. – MAKOWSKIEGO, Edmund: Dzieje Wagrowca, Poznań 1994.

5 BRAUN, Fritz: Land und Leute in den Provinzen Posen und Westpreußen, in: Deutscher Ostmarkenverein (Hg.): Die deutsche Ostmark, Lissa i. P. 1913.

6 BRESLAUER: Abwanderung [EN 4].

7 HEPPNER; HERZBERG: Vergangenheit und Gegenwart [EN 4], 1008.

8 Alle Angaben lt. Berliner und jüdischen Adressbüchern sowie Handelsregistern Berlins (verschiedene Jahrgänge). Die Angaben der Geburts- und Sterbedaten der Eltern nach: Angaben des Archivs der Stiftung Neue Synagoge Berlin – Centrum Judaicum.

9 Vgl. dazu: GAJEWSKI, W.: Die Abiturienten des Askanischen Gymnasiums von Ostern 1880 bis Michaelis 1925 nach Zahl

und Alter sowie ihrem späteren Berufe (Studium) und ihrer sozialen Herkunft, in: Suhle, Eugen: Denkschrift zum fünfzigjährigen Bestehen des Askanischen Gymnasiums zu Berlin 1875–1925, Berlin 1925, 83–98.

10 Vgl. HILLER, Kurt: Leben gegen die Zeit (Logos), Reinbeck bei Hamburg 1969, 24–53, hier 33. – DERS.: Leben gegen die Zeit (Eros), Reinbek bei Hamburg, 15–28.

11 Vgl.: SUHLE: Denkschrift [EN 9]; HEROLD, Victor: Zum 75jährigen Bestehen der Askanischen Oberschule 1950, Berlin 1950. – PRZERADZKI, Bernhard (Hg.): 100 Jahre Askanische Oberschule, Berlin 1975. – KLEPPER, Peter: 125 Jahre Askanisches Gymnasium, Berlin 2000.

12 Vgl. KLEPPER: Askanisches Gymnasium, 45f. [EN 11]. – HILLER: Logos [EN 10], 29. – BEHL, Carl Wilhelm Friedrich: Einführung zu: Julius Bab. Über den Tag hinaus. Kritische Betrachtungen. Heidelberg, Darmstadt 1960, 11–14; zu Julius Bab: ROGGE-GAU, Sylvia: Julius Bab und der Jüdische Kulturbund, Berlin 1999.

13 HILLER: Logos, 28 und 36 [EN 10].

14 Vgl. dazu: WAMBACH, Lovis Maxim: Die Dichterjuristen des Expressionismus, Baden-Baden 2002; zu Wolfenstein: FISCHER, Peter: Alfred Wolfenstein. Der Expressionismus und die verendende Kunst, München 1968, bes. 22–28.

15 Landesarchiv Berlin, Oberfinanzpräsident (im Folgenden LArch Berlin, OFP), Rep. 92, Nr. 147.

16 ABRAHAM, Paul: Emil Seckel, Berlin 1924 (Bio-Bibliographische Beiträge zur Geschichte der Rechts- und Staatswissenschaften, Abteilung Rechtswissenschaften: Heft 1), 17.

17 Askanische Oberschule Berlin, Archiv, Konferenzprotokolle, 1888–1896 und 1896–1906.

18 Vgl. zuletzt PAWLICZEK, Aleksandra: »Überrepräsentierung« versus »Zurücksetzung«. Juden an der Friedrich-Wilhelms-Universität zu Berlin 1871–1933, in: Jahrbuch für Universitätsgeschichte 12 (2009), 113–131.

19 Vgl.: Amtliche Verzeichnisse des Personals und der Studierenden der Königlichen Friedrich-Wilhelms-Universität zu Berlin (Winterhalbjahr 1905/06 bis Sommerhalbjahr 1913). – Humboldt-Universität zu Berlin, Universitätsarchiv (im Folgenden HUB, Archiv), 100. Rektorat Nr. 482; 95. Rektorat Nr. 5077 und Nr. 1921/4904 (Entwurf Abgangszeugnis, 15.11.1913).
20 Ebd. und Askanische Oberschule, Archiv, Acta betr. die Gustav-Levinstein-Stiftung (Prüfungsbescheinigungen).
21 ABRAHAM, Paul: Karl Neubecker. Eine Bio-Bibliographie, Berlin 1925 (Bio-Bibliographische Beiträge zur Geschichte der Rechts- und Staatswissenschaften, Abteilung Rechtswissenschaften: Heft 2), 8.
22 ABRAHAM: Seckel [EN 16], 17.
23 OBERLING, Ines: Ernst Perels (1882–1945). Lehrer und Forscher an der Berliner Universität, Bielefeld 2005, 99 und 182.
24 Askanische Oberschule, Archiv, Acta betr. die Gustav-Levinstein-Stiftung (Statut und Schriftwechsel zur Vergabe des Stipendiums), unfoliiert.
25 HUB, Archiv, 100. Rektorat Nr. 1921/4904 (Entwurf Abgangszeugnis, 15.11.1913).
26 BBAW, Akademiearchiv, PAW, II-XI, 142 (Abraham an PAW, 19.12.1941). Die Arbeiten Paul Abrahams sind verschollen.
27 Vgl. SIMON: Zeithorizonte [EN 2]. – SCHWARZ, Fritz Bericht über das Vocabularium Iusriprudentiae Romanae, in: Zeitschrift der Savigny-Stiftung für Rechtsgeschichte [im Folgenden ZS], Romanistische Abteilung, 82 (1965), 503.
28 JUDERSLEBEN, Jörg: Philologie als Nationalpädagogik. Gustav Roethe zwischen Wissenschaft und Politik, Frankfurt am Main u. a. 2000.
29 Vgl. BBAW, Akademiearchiv, PAW, II-XI, 141.
30 Vgl. Sitzungsberichte der Preußischen Akademie der Wissenschaften [im Folgenden Sitzungsberichte] 1910–1914 (darin: Jahresberichte der Savigny-Stiftung, im Folgenden Jahresberichte).

31 HUB, Archiv, 100. Rektorat, Nr. 1921/4904 (Abgangszeugnis, 29.11.1913).

32 Die Gesetze der Angelsachsen. Hg. im Auftrage der Savigny-Stiftung von F. Liebermann, Aalen 1960 (unveränderter Nachdruck der Ausgabe 1903–1916), Zweiter Band, Zweite Hälfte, Vorwort.

33 ABRAHAM, Paul: Felix Liebermann, in: Der Morgen, 1. Jg., Heft 5 (Dezember 1925), 617f. Zur Biographie Felix Liebermanns: SANDIG, Marina: Die Liebermanns. Ein biographisches Zeit- und Kulturbild der preußisch-jüdischen Familie und Verwandtschaft von Max Liebermann, Neustadt/Aisch 2005, 302–314.

34 Vgl. dazu: BBAW, Akademiearchiv, PAW, II-XI, 137 und 141.

35 Vgl. zuletzt: ROSENTHAL, Jacob: Die Ehre des jüdischen Soldaten. Die Judenzählung im Ersten Weltkrieg und ihre Folgen, Frankfurt am Main; New York 2007.

36 Vgl. HIS, Wilhelm: Das Sanitätswesen im Kriege, in: DERS.: Die Front der Ärzte, Bielefeld; Leipzig 1931, 9–17. – ABDERHALDEN, Emil: Die Einrichtung der beiden Vereinslazarettzüge O1 und Y1 der Stadt Halle a. S., Halle 1915[2].

37 Vgl. BBAW, Akademiearchiv, PAW, II-XI, 142 (Militärdienstbescheinigungen).

38 Ebd., 137, sowie Sitzungsberichte der PAW (Jahresberichte), 1915–1923.

39 Vgl. etwa die Korrespondenz in: BBAW, Akademiearchiv, PAW, II-XI, 141.

40 Eintrag in: Jüdisches Adressbuch für Gross-Berlin von 1931 (Reprint 1994), 2, sowie LArch Berlin, OFP, Rep. 92, Nr. 147 (Vermögenserklärung, 19.2.1943).

41 Vgl. Einträge der Berliner Adressbücher 1924 bis 1943. Zur Baugeschichte des 1873 erbauten Hauses: LArch Berlin, Bau- und Wohnungsaufsichtsamt (Acta des Königlichen Polizei-Präsidii zu Berlin. Schönhauser Allee 137/139).

42 ABRAHAM: Liebermann [EN 33], 617.
43 ABRAHAM: Seckel [EN 16].
44 ABRAHAM: Neubecker [EN 21]. Eine Annotation von Ulrich Stutz findet sich in: ZS, Germanistische Abteilung, 46 (1926), 565; eine lobende Rezension beider Bio-Bibliographien in: Vossische Zeitung, Nr. 32 (Morgen-Ausgabe), 20.1.1927.
45 Zu Drahn: GOHLE, Peter: Ernst Drahn, in: Benser, Günter; Schneider, Michael (Hg.): Bewahren – Verbreiten – Aufklären. Archivare, Bibliothekare und Sammler der Quellen der deutschsprachigen Arbeiterbewegung, Bonn-Bad Godesberg 2009, 58–63.
46 ABRAHAM: Seckel [EN 16],18. – DERS.: Neubecker [21], 18.
47 Zur Würdigung Goldsteins: DIENEMANN, Max: Julius Goldstein. Ein Lebensbild, in: Der Morgen, V. Jg., 4. Heft (Oktober 1925), 313–323. Inzwischen liegen auch die veröffentlichten Tagebücher Goldsteins vor: GOLDSTEIN, Julius: Der jüdische Philosoph in seinen Tagebüchern. 1873–1929, Wiesbaden 2008. Vgl. zum »Morgen«: MATTENKLOTT, Gert: Juden in NS-Deutschland. »Der Morgen« 1933–1938, in: Schoor, Kerstin (Hg.): Zwischen Rassenhass und Identitätssuche. Deutsch-jüdische literarische Kultur im nationalsozialistischen Deutschland, Göttingen 2010, 77–88. »Der Morgen« ist vollständig online abrufbar unter: http://www.compactmemory.de/.
48 ABRAHAM: Liebermann [EN 33]. Vgl.: MÜLLER, Christoph: Privat-Dozent Dr. Hugo Preuß, in: GRUNDMANN, Stefan u. a. (Hg.), Festschrift 200 Jahre Juristische Fakultät der Humboldt-Universität zu Berlin, Berlin 2010 (in Vorbereitung).
49 Sitzungsberichte 1926 (Jahresbericht des VIR, Heymann), LXXVII.
50 BBAW, Akademiearchiv, PAW, II-XI, 142 (Heymann an Abraham, 6.12.1938).
51 BBAW, Akademiearchiv, PAW, II-I, 21 (Sthamer an Heymann, 23.11.1929).

52 ABRAHAM: Seckel [EN 16], 18.

53 HEYMANN, Ernst: Felix Liebermann. In: ZS, Germanistische Abteilung, 46 (1926), XXXIII–XXXIX, hier XXIIIf.

54 Vgl. Sitzungsberichte (Jahresberichte VIR), 1927–1931.

55 Sitzungsberichte 1927 (Jahresbericht VIR, Heymann), LXI, und Jahrbuch der Preußischen Akademie der Wissenschaften (im Folgenden: Jahrbuch) 1941 (Jahresbericht VIR, Heymann), 59f.

56 BBAW, Akademiearchiv, PAW, II-I, 141 (Abraham an Seckel, 23.10.1914)

57 Arthur Rosenberg besuchte wie Abraham das Askanische Gymnasium und bekam nach ihm das Stipendium der Gustav-Levinstein-Stiftung. Vgl. Askanische Oberschule, Archiv, Acta betr. Gustav-Levinstein-Stiftung. Vgl. biographisch etwa: WIRSCHING, Andreas: Politik und Zeitgeschichte. Arthur Rosenberg und die Berliner Philosophische Fakultät 1914–1933, in: Historische Zeitschrift 269/3 (1999), 561–602. – KESSLER, Mario: Arthur Rosenberg. Ein Historiker im Zeitalter der Katastrophen (1889–1943), Köln u. a. 2003.

58 Vocabularium Iurisprudentiae Romanae. Ex auctoritate Academiae Borussicae compositum. Tomus III, Fasciculus II, idem–in. Confectit Paulus Abraham. Edidit Bernhardus Kübler, Berolini MCMXXXI, 460–673.

59 Sitzungsberichte 1931 (Jahresbericht VIR, Heymann), XCIIF. – ZS, Romanistische Abteilung, 53 (1933), LIII (Bericht Küblers über das VIR).

60 Vgl. BBAW, Akademiearchiv, PAW, II-XI, 142.

61 KÜBLER, Bernhard: Vocabularium Iurisprudentiae Romanae, in: ZS, Romanistische Abteilung, 53 (1933), 645. – SCHWARZ: Bericht, 503 [EN 27].

62 Vgl. Sitzungsberichte (Jahresberichte VIR), 1934–1938.

63 Vgl. dazu: WALTHER, Peter Th.: »Militarisierung«, »Arisierung« und Nazifizierung. Die Akademie im Dritten Reich, in Fischer: Akademie [EN 2], 87–118.

64 Vgl. KNICKMANN, Hanne: Der Jean-Paul-Forscher Eduard Berend (1883–1973). Ein Beitrag zur Geschichte der Germanistik in der ersten Hälfte des 20. Jahrhunderts, Teil I und II, in: Jahrbuch der Jean-Paul-Gesellschaft 29 (1994), 7–110, bzw. 30 (1995), 7–104. – GIESECKE, Dagmar u. a.: Ernst Posner (1892–1980). Archivar in Deutschland und Amerika, Potsdam 1997. – WACHTEL, Klaus: Arthur Stein (1871–1950) und Edmund Groag (1873–1945). Zwei jüdische Gelehrtenschicksale in Wien und Prag, in: Hruza, Karel: Österreichische Historiker 1900–1945. Lebensläufe und Karrieren in Österreich, Deutschland und der Tschechoslowakei in wissenschaftsgeschichtlichen Porträts, Wien u. a. 2010 (im Erscheinen).

65 Vgl. die Unterlagen in: BBAW, Akademiearchiv, PAW, II-XI, 142.

66 Siehe etwa: LÖSCH, Anna-Maria Gräfin von: Der nackte Geist. Die Juristische Fakultät der Berliner Universität im Umbruch von 1933, Tübingen 1999, bes. 156–161. – BOTT, Marie-Luise: Die Haltung der Berliner Universität im Nationalsozialismus. Max Vasmers Rückschau 1948, Berlin 2010, 96.

67 Bundesarchiv Berlin, R 4901, 14046 (PAW, Scheel, an Reichsministerium für Wissenschaft, Erziehung und Volksbildung, 8.10.1938).

68 Vgl. SIMON: Zeithorizonte [EN 2], 104–113. – KASER, Max: In memoriam: Fritz Schwarz. In: ZS, Romanistische Abteilung, 492–496.

69 Vgl. die Unterlagen in: BBAW, Akademiearchiv, PAW, II-XI, 142.

70 Ebd., 141 und 142.

71 Vgl. MEYHÖFER, Rita; SCHULZE-MARMELING, Ulrich; SÜHL, Klaus: Berliner Gedenkbuch für die jüdischen Opfer des Nationalsozialismus, in: Berlin. Geschichte und Gegenwart. Jahrbuch des Landesarchivs Berlin 1993, 509–528, hier 516ff.

72 Vgl. die Korrespondenz in: BBAW, Akademiearchiv, PAW, II-XI, 142.

73 Vgl.: GRUNER, Wolfgang: Der Geschlossene Arbeitseinsatz deut-

scher Juden. Zur Zwangsarbeit als Element der Verfolgung 1938–1943, Berlin 1997.

74 BUNDESARCHV KOBLENZ (Hg.): Gedenkbuch. Opfer der Verfolgung der Juden unter der nationalsozialistischen Gewaltherrschaft in Deutschland 1933–1945, Koblenz, 1986, Bd. 1, 6. – Gedenkbuch Berlins der jüdischen Opfer des Nationalsozialismus, Berlin 1995, 14 und 1420.

75 Vgl. den Schriftverkehr in: LArch Berlin, OFP, Rep. 92, Nr. 147.

76 Vgl. BBAW, Akademiearchiv, PAW, II-I, 142.

77 Vgl. BBAW, Akademiearchiv, PAW, II-I, 33.

78 Vgl. SIMON: Zeithorizonte [EN 2], 108f. – SCHWARZ: Bericht [EN 27] 503. – Korrespondenz in: BBAW, Akademiearchiv, PAW, Bestand DAW, VA 12136, VIR, A2 42 (Ausleihe Schwarz).

79 BBAW, Akademiearchiv, Bestand DAW, Fond Neubeginn, 660 (Stroux an das Amt Wissenschaft des ehem. Reichsministeriums für Wissenschaft, Erziehung und Volksbildung, 4.6.1945).

80 SCHWARZ, Bericht [EN 27], 503. – FRÖSCHL, Johanna-Maria: Vocabularium Iurisprudentiae Romanae, in: ZS, Romanistische Abteilung, 106 (1989), 755f.

81 Der letzte Faszikel des VIR konnte 1987 von einer Arbeitsgruppe der Johannes-Kepler-Universität Linz unter Marianne Meinhardt fertiggestellt werden. Vgl. Vocabularium Iurisprudentiae Romanae, Berlin; New York 1987.

Danksagung

Für die Unterstützung bei den Recherchen zum Lebensweg Paul Abrahams möchte ich mich vor allem bei Dieter Simon, dem früheren Präsidenten der Berlin-Brandenburgischen Akademie der Wissenschaften (BBAW), bedanken, der die Arbeiten über viele Jahre engagiert und umsichtig unterstützt hat. Mein Dank gilt auch den Mitgliedern und Mitarbeitern der damaligen Arbeitsgruppe »Akademiegeschichte« der BBAW, vor allem Wolfram Fischer, Rainer Hohlfeld, Peter Nötzoldt und Peter Th. Walther, sowie Wolf-Hagen Krauth, den Mitarbeiterinnen und Mitarbeitern des Akademiearchivs und der Akademiebibliothek, besonders Vera Enke und dem früheren Archivdirektor Wolfgang Knobloch. Für seine Hilfe bei den Recherchen im Schularchiv des Askanischen Gymnasiums gilt mein besonderer Dank Peter Klepper. Für die Unterstützung bei der Bereitstellung von Archivmaterial und Abbildungen danke ich den Mitarbeiterinnen und Mitarbeitern des Archivs der Stiftung Neue Synagoge Berlin – Centrum Judaicum, besonders Barbara Welker, des Landesarchivs Berlin, des Universitätsarchivs und der Universitätsbibliothek der Humboldt-Universität zu Berlin (Porträtsammlung), dem Verlag Walther de Gruyter, Michael Marquardt vom Weltniveau-Verlag sowie Archiv, Fotoarchiv und Bibliothek des Jüdischen Museums Berlin, vor allem Bernhard Jensen, Aubrey Pomerance und Valeska Wolfgram. Für Hinweise, Anregungen, Kritik und Hilfe danke ich Alfred Gottwaldt, Regina und Michael Heringer, Petra Hoffmann, Akim Jah, Christine M. Kaiser, Mario Keßler, Mirko Nottscheid, Christoph Müller, Ines Oberling, Sebastian Panwitz, Simon Renkert, Sylvia Rogge-Gau, Marina Sandig, Maria Schlosser, Katja Thiel, Klaus Wachtel, Petra und Martin Winter sowie Nicolai M. Zimmermann. Schließlich gilt mein Dank Nora Pester, Klaus-Peter Gerhardt, Gerhard Hentrich (1924–2009) und nicht zuletzt Hermann Simon, die die Aufnahme des Textes in die Reihe »Jüdische Miniaturen« beim Verlag Hentrich & Hentrich Berlin ermöglicht haben.

Abbildungsnachweis

Umschlag – Vocabularium Iurisprudentiae Romanae, III/II, Berlin (Verlag Walter de Gruyter) 1931.

Seiten 19, 20 – Klepper, Peter: 125 Jahre Askanisches Gymnasium 1897–2000, Berlin (Verlag Askanische Oberschule), 2000, Umschlag und S. 37.

Seite 23 – Weltniveau-Postkartenverlag Berlin.

Seite 24 – Universitätsbibliothek der Humboldt-Universität zu Berlin, Porträtsammlung, Kübler, Bernhard bzw. BBAW, Akademiearchiv, Abt. Sammlungen, Fotosammlung, »Emil Seckel«, Nr. 1.

Seite 25 – Universitätsbibliothek der Humboldt-Universität zu Berlin, Porträtsammlung, Neubecker, Karl.

Seite 26 – Abraham Paul: Emil Seckel. Eine Bio-Bibliographie, Berlin (Verlag R. L. Prager), 1924 bzw. ders.: Karl Neubecker. Eine Bio-Bibliographie, ebd. 1925.

Seite 36, 37, 53, 56, 59 – privat.

Seite 38 – Texte und Forschungen zur englischen Kulturgeschichte. Festgabe für Felix Liebermann zum 20. Juli 1921, Halle (Verlag Max Niemeyer) 1921.

Seite 41 – Festschrift Ernst Heymann, Weimar (Verlag Hermann Böhlaus Nachfolger) 1940.

Seite 45 – BBAW, Akademiearchiv, Abt. Sammlungen, Fotosammlung, »Akademiegebäude (1914–), Ud«, Nr. 6c.

Jens Thiel
arbeitet nach dem Studium der Neueren und Neuesten Geschichte und Kulturwissenschaft und einer Promotion über Zwangsarbeit im Ersten Weltkrieg als Historiker in Berlin. Zahlreiche Veröffentlichungen zur historischen Migrationsforschung, zur Wissenschaftsgeschichte und zur politischen Kulturgeschichte.